NOVENA E TERÇO A
São Miguel

Padre Agnaldo José

NOVENA E TERÇO A
São Miguel

Dados Internacionais de Catalogação na Publicação (CIP)
(Câmara Brasileira do Livro, SP, Brasil)

Santos, Agnaldo José dos, 1967-
Novena e terço a São Miguel / Pe. Agnaldo José. -- São Paulo : Paulinas, 2021.
48 p. (Santos Anjos)

ISBN 978-65-5808-041-1

1. Miguel (Arcanjo) - Orações e devoções 2. Miguel (Arcanjo) - Novenas I. Título II. Série

21-0031 CDD 242.76

Índice para catálogo sistemático:

1. Miguel (Arcanjo) - Orações e devoções   242.76

Angélica Ilacqua – Bibliotecária – CRB-8/7057

1ª edição – 2021
1ª reimpressão – 2022

Direção-geral: *Flávia Reginatto*
Editora responsável: *Marina Mendonça*
Copidesque: *Ana Cecilia Mari*
Coordenação de revisão: *Marina Mendonça*
Revisão: *Sandra Sinzato*
Gerente de produção: *Felício Calegaro Neto*
Capa e diagramação: *Tiago Filu*

Nenhuma parte desta obra poderá ser reproduzida ou transmitida por qualquer forma e/ou quaisquer meios (eletrônico ou mecânico, incluindo fotocópia e gravação) ou arquivada em qualquer sistema ou banco de dados sem permissão escrita da Editora. Direitos reservados.

Paulinas
Rua Dona Inácia Uchoa, 62
04110-020 – São Paulo – SP (Brasil)
Tel.: (11) 2125-3500
http://www.paulinas.com.br – editora@paulinas.com.br
Telemarketing e SAC: 0800-7010081
© Pia Sociedade Filhas de São Paulo – São Paulo, 2021

Miguel – que significa: "Quem é como Deus?" – é o campeão do primado de Deus, da sua transcendência e do seu poder. São Miguel luta para restabelecer a justiça divina; defende o Povo de Deus dos seus inimigos e sobretudo do inimigo por excelência, o mal. E São Miguel vence, porque nele é Deus que age.

Introdução

No dia 5 de julho de 2013, em uma sexta-feira, o Papa Francisco inaugurou um monumento dedicado ao Arcanjo São Miguel. Na ocasião disse: "Nos jardins do Vaticano existem diversas obras artísticas; mas esta, que hoje se acrescenta, assume um lugar de particular relevo, quer pela sua colocação, quer pelo significado que exprime. Com efeito, não é apenas uma obra celebrativa, mas um convite à reflexão e à oração. Miguel – que significa: 'Quem é como Deus?' – é o campeão do primado de Deus, da sua transcendência e do seu poder. Miguel luta para restabelecer a justiça divina; defende o povo de Deus dos seus inimigos e, sobretudo, do inimigo por excelência, o diabo. E São Miguel vence, porque nele é Deus que age. Então, esta escultura recorda-nos que o mal é vencido, o acusador desmascarado e a sua cabeça esmagada, porque a salvação se realizou de uma vez para sempre no sangue de Cristo. Embora o diabo tente sempre ferir o rosto do arcanjo e a face do homem, contudo Deus é mais forte; a vitória é sua, e a sua salvação é oferecida a cada homem. No caminho e nas provações da vida não estamos sozinhos, mas somos acompanhados e amparados pelos anjos de Deus, que oferecem, por assim dizer, as suas asas para nos ajudar a superar muitos perigos, para podermos voar alto em relação àquelas realidades que podem pesar sobre a nossa vida ou arrastar-nos para baixo. Ao consagrar o Estado da Cidade do Vaticano ao Arcanjo São Miguel, peçamos-lhe que nos defenda do Maligno e que o afaste".

As palavras do santo padre tocam profundamente nosso coração nesses tempos difíceis que estamos vivendo. Muitas vezes, somos tentados a desistir da caminhada, a voltar atrás, mas como é bom saber que Jesus está vivo, ressuscitado no meio de nós. Ele caminha conosco! Por isso, devemos carregar, com alegria, nossa cruz de cada dia, seguindo seus passos. São Miguel Arcanjo e todos os anjos de Deus também nos auxiliam. Combatem a nosso favor.

Que esta novena nos ajude a perseverar em nossa vida cristã, amando a Deus sobre todas as coisas e o próximo como Jesus nos ama.

Pe. Agnaldo José

1º Dia

Perfeito adorador do Verbo Divino

Em nome do Pai, e do Filho, e do Espírito Santo. Amém.

Intenção para a novena

São Miguel, este é o primeiro dia desta novena em vossa honra. Vós sois o arcanjo que nos defendeis contra as ciladas do diabo. Neste momento, pedimos *(dizer a intenção)*. Temos fé. Intercedei por nós junto à Santíssima Trindade.

Ladainha

Senhor, tende piedade de nós.
Jesus Cristo, tende piedade de nós.
Senhor, tende piedade de nós.
Jesus Cristo, ouvi-nos.
Jesus Cristo, atendei-nos.

Pai celeste, que sois Deus, tende piedade de nós.
Filho, redentor do mundo, que sois Deus,
tende piedade de nós.

Espírito Santo, que sois Deus, tende piedade de nós.
Trindade Santa, que sois um único Deus,
tende piedade de nós.
Santa Maria, rainha dos anjos, rogai por nós.

São Miguel, rogai por nós.
São Miguel, cheio da graça de Deus, rogai por nós.
São Miguel, perfeito adorador do Verbo Divino,
rogai por nós.
São Miguel, coroado de honra e de glória, rogai por nós.
São Miguel, poderosíssimo príncipe dos exércitos do Senhor,
rogai por nós.
São Miguel, porta-estandarte da Santíssima Trindade,
rogai por nós.
São Miguel, guardião do paraíso, rogai por nós.
São Miguel, guia e consolador do povo israelita,
rogai por nós.
São Miguel, esplendor e fortaleza da Igreja militante,
rogai por nós.
São Miguel, honra e alegria da Igreja triunfante,
rogai por nós.
São Miguel, luz dos anjos, rogai por nós.
São Miguel, baluarte dos cristãos, rogai por nós.
São Miguel, força daqueles que combatem pelo estandarte
da cruz, rogai por nós.
São Miguel, luz e confiança das almas no último momento
da vida, rogai por nós.

Cordeiro de Deus, que tirais o pecado do mundo,
perdoai-nos, Senhor.
Cordeiro de Deus, que tirais o pecado do mundo,
atendei-nos, Senhor.
Cordeiro de Deus, que tirais o pecado do mundo,
tende piedade de nós.

Rogai por nós, ó glorioso São Miguel,
príncipe da Igreja de Cristo,
para que sejamos dignos de suas promessas. Amém.

Oração

Senhor Jesus, santificai-nos com uma bênção sempre nova. Concedei-nos, pela intercessão de São Miguel, a sabedoria que nos ensina a juntar riquezas no céu e trocar os bens do mundo pelos da eternidade. Vós que viveis e reinais por todos os séculos dos séculos. Amém.

Arcanjo São Miguel, perfeito adorador do Verbo Divino, intercedei por nós para que acolhamos Jesus Cristo como único Senhor e Salvador da nossa vida (repetir três vezes).

2º Dia

Quem é como Deus?

Em nome do Pai, e do Filho, e do Espírito Santo. Amém.

Salmo 15

Guardai-me, ó Deus, porque em vós me refugio!

Guardai-me, ó Deus, porque em vós me refugio!
Digo ao Senhor: "Somente vós sois meu Senhor:
nenhum bem eu posso achar fora de vós!"
Ó Senhor, sois minha herança e minha taça,
meu destino está seguro em vossas mãos!

Eu bendigo o Senhor, que me aconselha
e até de noite me adverte o coração.
Tenho sempre o Senhor ante meus olhos,
pois se o tenho a meu lado não vacilo.

Eis por que meu coração está em festa,
minha alma rejubila de alegria,
e até meu corpo no repouso está tranquilo.

Pois não haveis de me deixar entregue à morte,
nem vosso amigo conhecer a corrupção.

Vós me ensinais vosso caminho para a vida;
junto a vós, felicidade sem limites,
delícia eterna e alegria ao vosso lado!

Meditação

"Houve então uma batalha no céu: Miguel e seus anjos guerrearam contra o Dragão. O Dragão lutou juntamente com os seus anjos, mas foi derrotado, e não se encontrou o seu lugar no céu. E foi expulso o grande Dragão, a antiga Serpente, que é chamado Diabo e Satanás, o sedutor do mundo inteiro. Ele foi expulso para a terra, e os seus anjos foram expulsos com ele. Ouvi então uma voz forte no céu, proclamando: 'Agora realizou-se a salvação, a força e a realeza do nosso Deus, e o poder do seu Cristo. Porque foi expulso o acusador dos nossos irmãos, aquele que os acusava dia e noite diante do nosso Deus. Eles venceram o Dragão pelo sangue do Cordeiro e pela palavra do seu próprio testemunho, pois não se apegaram à vida, mesmo diante da morte. Por isso, alegra-te, ó céu, e todos os que vivem nele'" (Ap 12,7-12a).

Esse texto de Apocalipse nos revela o significado do nome de São Miguel Arcanjo. Em hebraico, Miguel quer dizer: "Quem é como Deus?". A batalha no céu aconteceu porque o diabo quis ser como Deus. Lutou para ocupar o lugar de Deus. O Arcanjo Miguel e seus anjos guerrearam contra o dragão e o expulsaram juntamente com seus anjos. Nenhuma criatura pode se igualar a Deus. Só ele é o todo-poderoso, o Senhor de todas as coisas, visíveis e invisíveis.

Peçamos a intercessão de São Miguel para que jamais caiamos na tentação de deixar que, em nosso coração, as coisas finitas ocupem o lugar que é de Deus.

Oração

São Miguel, príncipe dos exércitos do Senhor, vinde em nosso auxílio no combate contra as forças do mal. Muitas vezes, nós permitimos que o diabo nos seduza. Caímos na estrada da vida e ferimos nosso coração. Nossos primeiros pais, Adão e Eva, quiseram ser como Deus. Mas ninguém pode ser como Deus. Na batalha do céu, vós dissestes, São Miguel: "Quem é como Deus?". Portanto, que saibamos reconhecer a grandeza do nosso Salvador, que nos ajoelhemos em adoração, ante sua presença viva, em todos os dias de nossa peregrinação neste mundo.

São Miguel, socorrei-nos contra as ciladas do diabo, de modo especial, quando formos tentados a colocar bens, desejos e pessoas no lugar de Jesus (repetir três vezes).

3º Dia

Não se vive somente de pão

Em nome do Pai, e do Filho, e do Espírito Santo. Amém.

Salmo 22

O Senhor é o pastor que me conduz;
não me falta coisa alguma.

O Senhor é o pastor que me conduz;
não me falta coisa alguma.
Pelos prados e campinas verdejantes
Ele me leva a descansar.

Para as águas repousantes me encaminha,
e restaura as minhas forças.
Ele me guia no caminho mais seguro,
pela honra do seu nome.

Mesmo que passe pelo vale tenebroso,
nenhum mal eu temerei.
Estais comigo com bastão e com cajado,
eles me dão a segurança!

Preparais à minha frente uma mesa,
bem à vista do inimigo;
com óleo vós ungis minha cabeça,
e o meu cálice transborda.

Felicidade e todo bem hão de seguir-me,
por toda a minha vida;
e, na casa do Senhor, habitarei
pelos tempos infinitos.

Meditação

"Naquele tempo, Jesus, cheio do Espírito Santo, voltou do rio Jordão, e, no deserto, ele era guiado pelo Espírito. Ali foi tentado pelo diabo, durante quarenta dias. Não comeu nada naqueles dias e depois disso, sentiu fome. O diabo disse, então, a Jesus: 'Se és Filho de Deus, manda que esta pedra se mude em pão'. Jesus respondeu: 'A Escritura diz: Não só de pão vive o homem'" (Lc 4,1-4).

A tentação do ter enfraquece nossa caminhada de fé. Vivemos em uma sociedade capitalista, em que as pessoas buscam, desesperadamente, ter cada vez mais, e não lhes basta ter somente o pão de cada dia. Entretanto, os bens deste mundo são incapazes de saciar a fome e a sede do ser humano. Seu coração anseia pelo infinito. Jesus nos ensina isso ao vencer a primeira tentação proposta pelo diabo, quando diz: "Não só de pão vive o homem". Será que estamos buscando a vida espiritual? Colocamos Jesus e seu Reino em primeiro lugar?

Cremos que ele nos dá todas as graças com acréscimo? Deixamos o diabo nos seduzir? Vivemos buscando coisas materiais para saciar nossa fome e sede de felicidade?

Que São Miguel Arcanjo esteja ao nosso lado e não permita que sejamos seduzidos pela cobiça de possuir muitos bens, e sim pelo desejo de ter Jesus Cristo como nossa maior riqueza.

Oração

São Miguel, porta-estandarte da Santíssima Trindade, ensinai-nos a confiar na Providência Divina, que nos dá, diariamente, o pão de que necessitamos para saciar nossa fome material. Ajudai-nos a nos libertar do vício de querer ter cada vez mais, pois o único bem que levaremos deste mundo é o amor. Nossa vida é semelhante a um sopro. O mais importante é nossa fé em Deus. Que jamais nos esqueçamos de que Deus está sempre conosco. Nada falta em nossa vida, pois Deus provê nossas necessidades.

São Miguel, imploramos vossa intercessão. Que tenhamos fome e sede da Palavra de Deus e da Eucaristia, pão vivo que desceu do céu (repetir três vezes).

4º Dia

Não tentar a Deus

Em nome do Pai, e do Filho, e do Espírito Santo. Amém.

Salmo 90

*O Senhor deu uma ordem a seus anjos
para em todos os caminhos te guardarem.*

Quem habita ao abrigo do Altíssimo
e vive à sombra do Senhor onipotente,
diz ao Senhor: "Sois meu refúgio e proteção,
sois o meu Deus, no qual confio inteiramente".

Nenhum mal há de chegar perto de ti,
nem a desgraça baterá à tua porta;
pois o Senhor deu uma ordem a seus anjos
para em todos os caminhos te guardarem.

Haverão de te levar em suas mãos,
para o teu pé não se ferir nalguma pedra.
Passarás por sobre cobras e serpentes,
pisarás sobre leões e outras feras.

"Porque a mim se confiou, hei de livrá-lo
e protegê-lo, pois meu nome ele conhece.
Ao invocar-me hei de ouvi-lo e atendê-lo,
e a seu lado eu estarei em suas dores."

Meditação

"Depois o diabo levou Jesus a Jerusalém, colocou-o sobre a parte mais alta do Templo, e lhe disse: 'Se és Filho de Deus, atira-te daqui abaixo! Porque a Escritura diz: Deus ordenará aos seus anjos a teu respeito, que te guardem com cuidado! E mais: Eles te levarão nas mãos, para que não tropeces em alguma pedra'. Jesus, porém, respondeu: 'A Escritura diz: Não tentarás o Senhor, teu Deus'" (Lc 4,9-12).

Jesus vence a tentação de colocar Deus à prova. Não é porque o Senhor envia sempre seus anjos para nos proteger, que devemos colocar nossa vida em risco. Há pessoas que rezam antes de sair de casa para fazer uma viagem, mas que aceleram o carro a 180 km/h. Deus nos protege, mas precisamos agir com prudência. Somos responsáveis pela nossa história. Deus quer que tenhamos vida, e vida em abundância. Jesus é a Vida. Estendamos os braços a São Miguel Arcanjo. Peçamos sua proteção contra as ciladas do diabo, que vem ao nosso encontro para nos matar e destruir. Com fé, alcançaremos a vitória.

Oração

São Miguel, guardião do paraíso, pedimos vossa proteção. Somos tentados a colocar nosso Senhor à prova, quando arriscamos nossa vida, desprezamos nossa história, confiamos em nossas próprias forças. Mas sabemos que, sem Jesus, nada podemos fazer. Ajudai-nos a vencer as forças do mal para que tenhamos vida plena.

São Miguel, queremos praticar a virtude da prudência. Fortalecei-nos no combate contra as forças que geram a morte (repetir três vezes).

5º Dia

Adoremos somente a Deus

Em nome do Pai, e do Filho, e do Espírito Santo. Amém.

Salmo 23

O Rei da glória é o Senhor onipotente!

Ao Senhor pertence a terra e o que ela encerra,
o mundo inteiro com os seres que o povoam;
porque ele a tornou firme sobre os mares,
e sobre as águas a mantém inabalável.
"Quem subirá até o monte do Senhor,
quem ficará em sua santa habitação?"
"Quem tem mãos puras e inocente coração,
quem não dirige sua mente para o crime.
Sobre este desce a bênção do Senhor
E a recompensa de seu Deus e Salvador."
"É assim a geração dos que o procuram,
e do Deus de Israel buscam a face."

Meditação

"O diabo o levou para o alto; mostrou-lhe por um instante todos os reinos do mundo e lhe disse: 'Eu te darei todo este poder e toda a sua glória, porque tudo isso foi entregue a mim e posso dá-lo a quem eu quiser. Portanto, se te prostrares diante de mim em adoração, tudo isso será teu'. Jesus respondeu: 'A Escritura diz: Adorarás o Senhor teu Deus, e só a ele servirás'" (Lc 4,5-8).

O poder corrói o coração humano. Quantas pessoas caem nessa tentação e massacram seus semelhantes. Jesus nos ensina o despojamento. De que adianta ganharmos o mundo inteiro e perdermos o céu? Milhares de irmãos nossos, espalhados pelo mundo, vivem em meio a miséria, doença, exclusão, por causa de ganância de alguns poderosos que se deixam seduzir pelo diabo.

São Miguel Arcanjo, com sua espada, combate junto a nós. Não permitamos que o poder nos domine e nos escravize. Olhemos para as pessoas e as amemos assim como Jesus o fez. Até mesmo um copo de água que dermos para alguém com sede, por amor a Jesus, não ficará sem recompensa.

Que São Miguel expulse de perto de nós o "pai da mentira", o mercenário, o diabo, aquele que quer nos encher do orgulho e do poder que destroem a nossa fé em Deus.

Oração

São Miguel, esplendor e fortaleza da Igreja militante, vinde em nosso auxílio e livrai-nos da tentação do poder. Que nossa vida esteja construída sobre a rocha, Jesus Cristo! Que estejamos abertos e disponíveis para todos e que sejamos compreensivos e misericordiosos. Que nosso poder seja o amor, especialmente pelos mais pobres.

São Miguel, precisamos de vossa proteção contra a tentação do poder. Ajudai-nos a reconhecer nossa pequenez e a amarmos mais que sermos amados (repetir três vezes).

6º Dia

Guardião do povo de Deus

Em nome do Pai, e do Filho, e do Espírito Santo. Amém.

Salmo 40

Curai-me, Senhor, pois pequei contra vós!

Feliz de quem pensa no pobre e no fraco:
o Senhor o liberta no dia do mal!
O Senhor vai guardá-lo e salvar sua vida,
o Senhor vai torná-lo feliz sobre a terra,
e não vai entregá-lo à mercê do inimigo.

Deus irá ampará-lo em seu leito de dor,
e lhe vai transformar a doença em vigor.
Eu digo: "Meu Deus, tende pena de mim,
curai-me, Senhor, pois pequei contra vós!"

Vós, porém, me havereis de guardar são e salvo
e me pôr para sempre na vossa presença.
Bendito o Senhor, que é Deus de Israel,
desde sempre, agora e sempre. Amém!

Meditação

"Naquele tempo, se levantará Miguel, o grande príncipe, defensor dos filhos de teu povo; e será um tempo de angústia, como nunca houve até então, desde que começaram a existir nações. Mas, nesse tempo, teu povo será salvo, todos os que se acharem inscritos no livro. Muitos dos que dormem no pó da terra, despertarão, uns para a vida eterna, outros para o opróbrio eterno. Mas os que tiverem sido sábios, brilharão como o firmamento; e os que tiverem ensinado a muitos homens os caminhos da virtude, brilharão como as estrelas, por toda a eternidade" (Dn 12,1-3).

O livro do profeta Daniel nos revela uma das missões de São Miguel Arcanjo: a defesa do povo de Deus. Ele recebeu do Senhor este encargo, por isso, desde o Antigo Testamento, é reconhecido como o defensor do povo de Israel. Sempre à frente nas batalhas, cuidou do povo, combateu junto com ele e concedeu-lhe grandes vitórias. Somos o novo povo de Deus, por isso, a Igreja pode contar com a proteção de São Miguel. Ele combate conosco. Está ao lado do papa, dos bispos, padres, diáconos e de todos os batizados. Não nos deixa sozinhos nessa marcha para o céu. Se permanecermos firmes na fé, brilharemos como as estrelas do céu no firmamento. Um dia, vamos nos levantar do pó da terra para a vida eterna.

Oração

São Miguel, força daqueles que combatem pelo estandarte da cruz, protegei a Igreja espalhada pelo mundo inteiro.

Muitos querem atacá-la, enfraquecer a fé dos batizados. Ficai sempre à nossa frente, abrindo os caminhos, para que possamos caminhar na luz de Cristo, sem medo dos inimigos.

São Miguel, guardião do povo de Deus, queremos ser fiéis a Jesus e jamais nos afastarmos da Igreja. Intercedei para que nunca abandonemos nossa fé (repetir três vezes).

7º Dia

Amigo na hora da morte

Em nome do Pai, e do Filho, e do Espírito Santo. Amém.

Salmo 46

Por entre aclamações Deus se elevou,
o Senhor subiu ao toque da trombeta.

Povos todos do universo, batei palmas,
gritai a Deus aclamações de alegria!
Porque sublime é o Senhor, o Deus Altíssimo,
o soberano que domina toda a terra.

Por entre aclamações Deus se elevou,
o Senhor subiu ao toque da trombeta.
Salmodiai ao nosso Deus ao som da harpa,
salmodiai ao som da harpa ao nosso Rei!

Porque Deus é o grande Rei de toda a terra,
ao som da harpa acompanhai os seus louvores!
Deus reina sobre todas as nações,
está sentado no seu trono glorioso.

Meditação

O *Catecismo da Igreja Católica* nos ensina que "Cristo é o Senhor da Vida Eterna. O pleno direito de julgar definitivamente as obras e os corações dos homens pertence a ele enquanto redentor do mundo. Ele adquiriu este direito pela sua cruz. O Pai entregou todo o julgamento ao Filho. Ora, o Filho não veio para julgar, mas para salvar e para dar a vida que está nele. É pela recusa da graça nesta vida que cada um já se julga a si mesmo, recebe de acordo com suas obras e pode até condenar-se para a eternidade ao recusar o Espírito de amor" (CIC, n. 679).

A Igreja ensina também que temos um intercessor, um amigo fiel na hora de nossa morte: São Miguel Arcanjo. Ele nos acompanha, desde o momento em que fechamos os olhos para este mundo, até o trono de Jesus Cristo, quando seremos julgados pelas nossas obras. Como diz o catecismo, Jesus veio para nos salvar, não para nos condenar. Por isso, precisamos viver na graça, na santidade, na luz de Cristo. São Miguel nos ajuda nessa batalha na terra. Para nossa alegria, vai conosco até Jesus na hora da nossa páscoa, nesse momento decisivo. Pede a Jesus que tenha misericórdia de nós.

Oração

São Miguel, luz e confiança das almas no último momento da vida, recorremos a vossa intercessão neste momento. Queremos viver na graça de Deus, na santidade, na luz e na paz. Permanecei sempre conosco, na caminhada desta vida, sobretudo na hora de nossa morte, para que sejamos salvos pela misericórdia de Jesus.

São Miguel, queremos viver eternamente no céu, junto de Deus. Vinde em nosso auxílio, de modo especial, na hora de nossa morte (repetir três vezes).

8º Dia

A muralha vai cair

Em nome do Pai, e do Filho, e do Espírito Santo. Amém!

Salmo 50

Abri meus lábios, ó Senhor, para cantar,
e minha boca anunciará vosso louvor!

Tende piedade, ó meu Deus, misericórdia!
Na imensidão de vosso amor, purificai-me!
Lavai-me todo inteiro do pecado,
e apagai completamente a minha culpa!

Eu reconheço toda a minha iniquidade,
o meu pecado está sempre à minha frente.
Foi contra vós, só contra vós, que eu pequei,
e pratiquei o que é mau aos vossos olhos!

Criai em mim um coração que seja puro,
dai-me de novo um espírito decidido.
Ó Senhor, não me afasteis de vossa face,
nem retireis de mim o vosso Santo Espírito!

Dai-me de novo a alegria de ser salvo
e confirmai-me com espírito generoso!
Abri meus lábios, ó Senhor, para cantar
e minha boca anunciará vosso louvor!

Meditação

Depois da morte de Moisés, o povo de Deus passou a ser liderado por Josué. Com a Arca da Aliança à frente, eles atravessaram o rio Jordão a pé enxuto e se aproximaram de Jericó. A cidade era cercada por uma alta muralha e precisava ser conquistada. Com as próprias forças, isso lhes seria impossível. Diz a Palavra de Deus que, "nos arredores da cidade de Jericó, Josué levantou os olhos e viu diante de si um homem de pé, com uma espada desembainhada na mão. Josué foi até ele e perguntou: 'Tu és dos nossos ou dos inimigos?' Ele respondeu: 'Não! Eu sou o chefe do exército do Senhor, eu acabo de chegar'. Então Josué prostrou-se com o rosto por terra e o adorou. Depois perguntou-lhe: 'O que diz meu senhor a seu servo?' O chefe do exército do Senhor respondeu a Josué: 'Tira as sandálias dos pés, pois o lugar em que pisas é sagrado'. E Josué fez o que lhe fora ordenado" (Js 5,13-15).

Quem foi esse que apareceu a Josué com a espada nas mãos? Segundo a tradição da Igreja, foi São Miguel Arcanjo, chefe do exército do Senhor. Desse modo, com a ajuda do arcanjo, Josué e o povo de Deus conquistaram a cidade, sete dias depois. A muralha de Jericó veio ao chão. Quais são as muralhas que cercam seu coração? Quais obstáculos impedem sua felicidade? São Miguel está a seu lado, como esteve com Josué, para ajudá-lo a conquistar muitas vitórias.

Oração

São Miguel Arcanjo, que ajudastes Josué a derrubar as muralhas de Jericó, precisamos vencer os problemas que impedem nossa felicidade neste mundo, especialmente, o pecado que cerca e domina nosso coração. Ficai ao nosso lado, com sua espada desembainhada, assim as muralhas irão cair.

São Miguel, príncipe da Igreja de Cristo, ajudai-nos a vencer os desafios que surgem em nossa vida, sobretudo a muralha do pecado (repetir três vezes).

9º Dia

Defendei-nos no combate

Em nome do Pai, e do Filho, e do Espírito Santo. Amém.

Salmo 66

*Que as nações vos glorifiquem, ó Senhor,
que todas as nações vos glorifiquem!*

Que Deus nos dê a sua graça e sua bênção,
e sua face resplandeça sobre nós!
Que na terra se conheça o seu caminho
e a sua salvação por entre os povos.

Exulte de alegria a terra inteira,
pois julgais o universo com justiça;
os povos governais com retidão,
e guiais, em toda a terra, as nações.

Que as nações vos glorifiquem, ó Senhor,
que todas as nações vos glorifiquem!
Que o Senhor e nosso Deus nos abençoe,
e o respeitem os confins de toda a terra.

Meditação

Hoje é o último dia da novena a São Miguel. O Senhor ouviu nossas orações. Atendeu nossas súplicas. Ele nos enviou o príncipe do seu exército para nos acompanhar durante estes dias. Vamos agradecer a Jesus por sua misericórdia. Precisamos crer que a bênção de Deus foi derramada. Por isso, louvemos e agradeçamos ao Senhor pelas maravilhas que ele fez em nosso favor, nesta novena.

Rezemos a seguir, juntos, a oração que o Papa Leão XIII fez para São Miguel.

Oração

São Miguel Arcanjo, defendei-nos no combate. Sede o nosso refúgio contra as maldades e as ciladas do demônio. Que Deus o repreenda, humildemente pedimos, e vós, ó príncipe da milícia celeste, pelo poder de Deus, precipitai no inferno Satanás e todos os espíritos malignos que rondam o mundo para destruírem as almas. Amém.

São Miguel, obrigado por nos ajudar no combate contra as forças do Inimigo. Ficai sempre ao nosso lado, agora e na hora de nossa morte. Amém (repetir três vezes).

Terço a São Miguel Arcanjo

Canto

Manda teus anjos

(Pe. Agnaldo José/Pe. Paulo Sérgio de Souza – Rosário dos Arcanjos, Paulinas/COMEP)

Manda teus anjos neste lugar.
Manda teus anjos aqui, Senhor.
Para curar e libertar.
Manda teus anjos, Deus de amor.

São Miguel, o Defensor,
São Gabriel, força do Senhor,
São Rafael, libertador,
Manda teus anjos aqui, Senhor.

OUÇA NO SPOTIFY

OUÇA NO YOUTUBE

Em nome do Pai, e do Filho, e do Espírito Santo. Amém.

Creio

Creio em Deus Pai, todo-poderoso, criador do céu e da terra, e em Jesus Cristo, seu único Filho, nosso Senhor, que foi concebido pelo poder do Espírito Santo; nasceu da Virgem Maria; padeceu sob Pôncio Pilatos, foi crucificado, morto e sepultado. Desceu à mansão dos mortos; ressuscitou ao terceiro dia, subiu aos céus; está sentado à direita de Deus Pai, todo-poderoso, donde há de vir a julgar os vivos e os mortos. Creio no Espírito Santo, na santa Igreja Católica, na comunhão dos santos, na remissão dos pecados, na ressurreição da carne, na vida eterna. Amém.

Pai-Nosso

Pai nosso que estais nos céus, santificado seja o vosso nome; venha a nós o vosso Reino, seja feita a vossa vontade, assim na terra como no céu; O pão nosso de cada dia nos dai hoje; perdoai-nos as nossas ofensas, assim como nós perdoamos a quem nos tem ofendido; e não nos deixeis cair em tentação, mas livrai-nos do mal. Amém.

Ave-Maria *(três vezes)*

Ave, Maria, cheia de graça, o Senhor é convosco, bendita sois vós entre as mulheres, e bendito é o fruto do vosso ventre, Jesus. Santa Maria, Mãe de Deus, rogai por nós, pecadores, agora e na hora de nossa morte. Amém.

Primeiro mistério

Pai nosso...

São Miguel, adorador do Verbo Divino, ajudai-nos a viver a graça do Cristo Salvador (dez vezes).

Glória ao Pai...

Nossa Senhora, rainha dos anjos, rogai por nós.

Segundo mistério

Pai nosso...

São Miguel, príncipe dos exércitos de Deus, fortalecei-nos no combate contra as forças do mal (dez vezes).

Glória ao Pai...

Nossa Senhora, rainha dos anjos, rogai por nós.

Terceiro mistério

Pai nosso...

São Miguel, guardião do paraíso, vinde em nosso auxílio na hora da morte (dez vezes).

Glória ao Pai...

Nossa Senhora, rainha dos anjos, rogai por nós.

Quarto mistério

Pai nosso...

São Miguel, defensor da Igreja de Cristo, dai-nos a paz, a alegria e a esperança (dez vezes).

Glória ao Pai...

Nossa Senhora, rainha dos anjos, rogai por nós.

Quinto mistério

Pai nosso...

São Miguel, porta-estandarte da Santíssima Trindade, iluminai a nossa vida com a luz do Senhor (dez vezes).

Glória ao Pai...

Nossa Senhora, rainha dos anjos, rogai por nós.

Salve-Rainha

Salve, rainha, Mãe de misericórdia, vida, doçura e esperança nossa, salve! A vós bradamos, os degredados filhos de Eva, a vós suspiramos, gemendo e chorando neste vale de lágrimas. Eia, pois, advogada nossa, esses vossos olhos misericordiosos a nós volvei, e depois deste desterro mostrai-nos Jesus, bendito fruto do vosso ventre, ó clemente, ó piedosa, ó doce sempre Virgem Maria.

Rogai por nós, Santa Mãe de Deus.

Para que sejamos dignos das promessas de Cristo. Amém.

Oremos

São Miguel Arcanjo, defendei-nos no combate. Sede o nosso refúgio contra as maldades e as ciladas do demônio. Que Deus o repreenda, humildemente pedimos, e que vós, ó príncipe da milícia celeste, pelo poder de Deus, precipitai no inferno Satanás e todos os espíritos malignos que rondam o mundo para destruírem as almas. Amém.

Canto final

Santos anjos do Senhor

(Pe. Agnaldo José/Pe. Paulo Sérgio de Souza – *Rosário dos Arcanjos*, Paulinas/COMEP)

Santos anjos do Senhor, que desceram lá do céu,
Enviados pelo Pai, estão no meio de nós.

Vem nos libertar,
Vem nos defender,
Vem nos consolar,
Vem nos proteger.

OUÇA NO SPOTIFY

OUÇA NO YOUTUBE

Rua Dona Inácia Uchoa, 62
04110-020 – São Paulo – SP (Brasil)
Tel.: (11) 2125-3500
http://www.paulinas.com.br – editora@paulinas.com.br
Telemarketing e SAC: 0800-7010081